Les Grandes Vies

MARIE
CURIE

Publié pour la première fois en 2018
par Laurence King Publishing
361-373 City Road
London EC1V 1LR
United Kingdom

Pour l'édition originale
Édition : Chloë Pursey
Responsable éditoriale : Katherine Pitt
Conception graphique : Charlotte Bolton
Logo de la collection dessiné par Anke Weckmann

Pour l'édition française
Responsable éditorial : Thomas Dartige
Éditrice : Anne-Flore Durand
Réalisation de l'édition française : Lunedit, Paris
Traduction : Emmanuel Plisson

La présente édition est publiée
par Gallimard Jeunesse,
5, rue Gaston Gallimard
75328 Paris Cedex 07

ISBN : 978-2-07-510467-8

Loi n° 49-956 du 16 juillet 1949
sur les publications destinées à la jeunesse
Premier dépôt légal : août 2018
Dépôt légal : mai 2019
N° d'édition : 348792
Photogravure couverture : IGS-CP (16)
Imprimé en Chine

Déjà parus dans la même collection :
Frida Kahlo,
Léonard de Vinci,
Nelson Mandela,
Anne Frank,
Charles Darwin

MIXTE
Papier issu de sources responsables
FSC® C001701
FSC www.fsc.org

Les Grandes Vies

MARIE CURIE

Écrit par
Isabel Thomas

Illustrations de
Anke Weckmann

GALLIMARD JEUNESSE

m.c.

Comment Marie Curie est-elle devenue l'une des plus célèbres scientifiques ? Ses écrits sur la science nous donnent quelques indices :

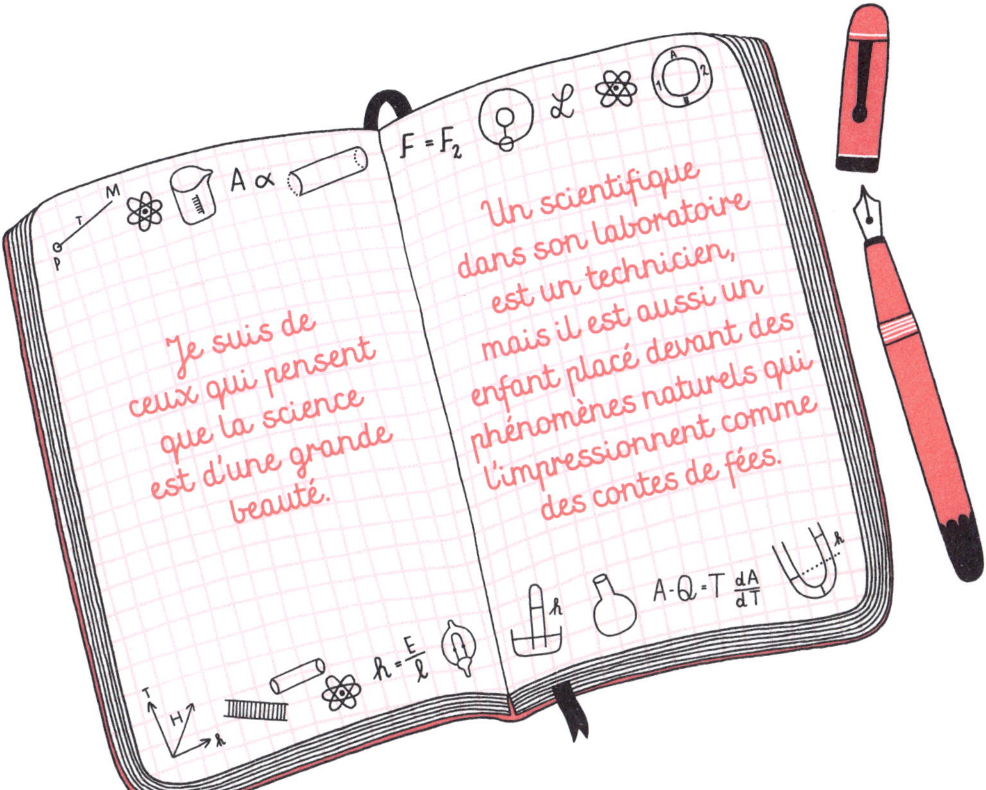

La vie de Marie Curie ressemble à un conte de fées – avec ses joies et ses peines, ses combats et ses victoires. Elle met en scène un métal nommé radium, qui est à la fois le héros et le méchant.

Marie naît à Varsovie, en 1867, en Pologne, qui est alors une province de l'Empire russe. C'est la cadette d'une famille de CINQ enfants.

Dr Władysław Skłodowski
Professeur de mathématiques et de physique

Bronsiława Skłodowska
Institutrice

Zosia

Joseph

Bronia

Hela

Maria
Née le 7 novembre 1867

Les cinq frères et sœurs sont bons élèves, mais Marie est la plus douée. Un jour, Bronia se met en colère parce qu'elle n'arrive pas à déchiffrer une phrase. Marie s'approche et la lit à voix haute, par-dessus son épaule. Leurs parents tombent des nues : Marie a appris à lire toute seule !

Quand Marie a 9 ans, sa sœur Zosia meurt du typhus. Moins de deux ans après, sa mère décède de la tuberculose. Marie est très triste, et son père est de plus en plus pauvre.

Quand Marie a l'âge d'aller au collège, elle est inquiète. Elle ADORE apprendre, mais les établissements scolaires, tenus par le gouvernement russe, sont très sévères.

Or, Marie a une personnalité aussi exubérante que ses longs cheveux bouclés.

Heureusement, Marie a une grande
amie qui l'aide à surmonter tout ça.

Souvent, Kazia l'invite dans sa maison
pour y boire de la limonade
et manger des glaces au chocolat !

Marie termine sa scolarité avec un an d'avance. Elle en profite pour passer quelques mois à la campagne, loin des livres et des études.

À 16 ans, elle rentre à Varsovie. C'est désormais une jeune fille heureuse. Pourtant, il y a encore un gros souci.

Son frère Joseph a commencé ses études de médecine. Mais, dans la Pologne occupée par les Russes, les filles n'ont pas le droit de poursuivre des études supérieures. Marie n'a que trois possibilités...

C'est alors qu'elle reçoit une invitation très particulière.

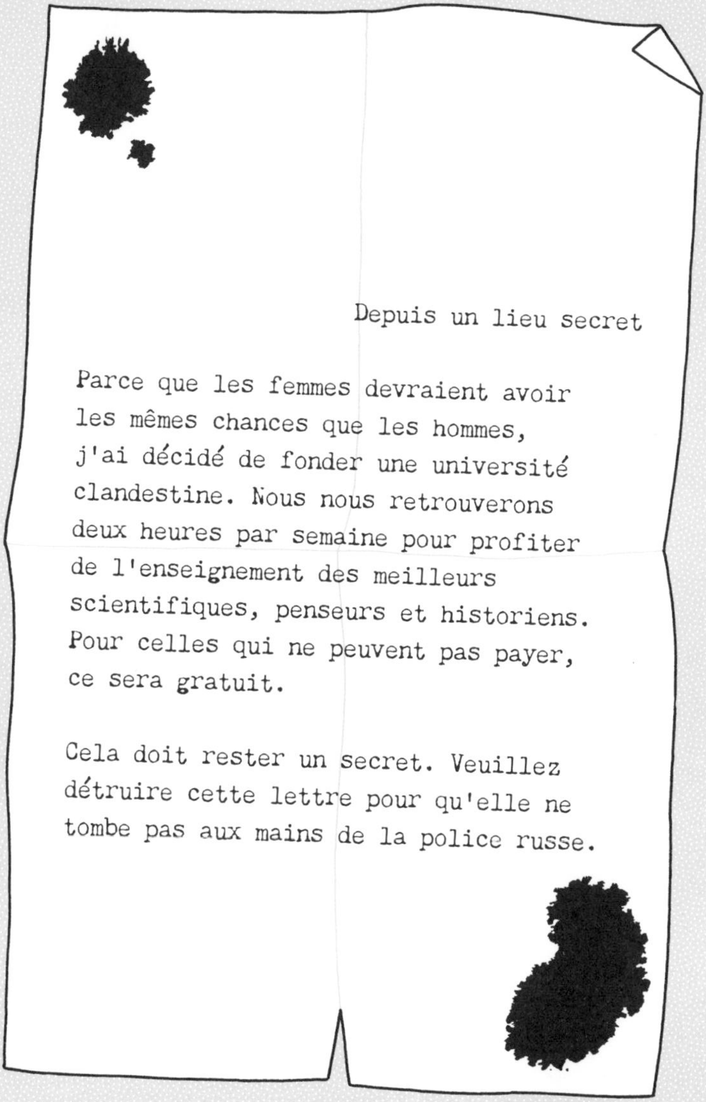

Depuis un lieu secret

Parce que les femmes devraient avoir les mêmes chances que les hommes, j'ai décidé de fonder une université clandestine. Nous nous retrouverons deux heures par semaine pour profiter de l'enseignement des meilleurs scientifiques, penseurs et historiens. Pour celles qui ne peuvent pas payer, ce sera gratuit.

Cela doit rester un secret. Veuillez détruire cette lettre pour qu'elle ne tombe pas aux mains de la police russe.

En 1889, un millier de jeunes femmes étudient ainsi dans cette « université clandestine » de Varsovie. Marie et sa sœur Bronia adorent apprendre. Elles rêvent de poursuivre leurs études à l'étranger, mais le coût est bien trop élevé.

Alors, Marie imagine un plan : elle va travailler comme gouvernante et économiser assez d'argent pour envoyer Bronia à Paris. Une fois que celle-ci sera devenue médecin, Marie la rejoindra.

C'est ainsi qu'à 18 ans, Marie trouve une place dans une famille aisée, dans une grande demeure. Son plan fonctionne – elle a bientôt assez d'argent pour que Bronia aille vivre à Paris –, mais Marie s'ennuie et se sent frustrée...

ENFIN, elle reçoit la lettre qu'elle attend : Bronia l'invite à venir s'installer à Paris avec elle et son mari.

Marie part pour la France en 1891, en emportant tout ce qu'elle possède – y compris son matelas ! Elle s'inscrit à l'université de la Sorbonne à Paris pour étudier ses matières favorites : la physique et les mathématiques.

Marie travaille dur, au point qu'elle oublie souvent de s'alimenter (il faut dire qu'elle n'a pas toujours assez d'argent pour s'acheter à manger...).

En 1894, elle rencontre Pierre Curie, un brillant chercheur à la Sorbonne. Ils se marient un an plus tard.

En partant à bicyclette pour leur lune de miel, ils ignorent qu'ils vont bientôt changer le monde.

Marie est prête à commencer son doctorat – c'est-à-dire son premier travail de recherche universitaire. Mais, pour trouver des réponses, un scientifique a d'abord besoin de… questions !

Elle se met à lire et à prendre des notes sur les toutes dernières découvertes en matière de physique et de chimie pour trouver le sujet qui lui plaira.

En 1896, ce sont surtout les rayons X qui fascinent les scientifiques : de mystérieux rayonnements invisibles capables de traverser les corps solides, et qui permettent de prendre d'extraordinaires photos des os !

Lorsque le physicien Henri Becquerel remarque qu'un métal baptisé uranium émet lui aussi un rayonnement, personne ne s'y intéresse. Les rayons X sont bien plus captivants ! Mais Marie est intriguée...

La question est nouvelle,
personne ne l'a jamais abordée.

Marie décide d'approfondir la question. Elle commence par tester tous les <u>éléments</u> un par un. Il s'agit des matières qui composent tout ce qui existe sur Terre. Elles sont classées dans ce que l'on nomme le Tableau périodique des éléments.

C'est un échec !
Mais Marie ne se décourage pas.

Elle poursuit ensuite ses test sur des minéraux. Les autres scientifiques n'ont pas cette démarche : après tout, les roches ne sont que des mélanges des éléments qu'elle a déjà testés.

Elle teste ainsi la pechblende, une roche noire et lourde qui contient de petites quantités d'uranium.

Et, surprise...

Marie est intriguée. Aidée par Pierre, elle fait et refait les tests pour en avoir le cœur net. Puis elle découvre une autre roche qui émet ces rayons invisibles – une roche qui, elle, ne contient pas d'uranium.

Tous les savants aiment les découvertes inattendues et les interrogations nouvelles. Marie est très excitée ! Mais ses collègues ne partagent pas son enthousiasme.

Dans son journal, juste à côté des équations complexes, Marie note aussi le quotidien de sa petite fille, Irène.

La seule façon de le prouver une fois pour toutes, c'est d'extraire cet élément mystère de la pechblende. Plus personne ne pourra alors en contester l'existence !

Pierre abandonne ses propres recherches pour assister Marie. La tâche s'annonce rude.

RAISONS DE NE PAS LE FAIRE

Pas d'argent (Pierre n'arrive pas à obtenir un poste de professeur à la Sorbonne, et, en tant que chargé de cours, il est très mal payé).

Nous avons déjà nos emplois du temps de professeurs : il va falloir étudier la nuit !

Un bébé (Irène) à élever

Pas de laboratoire – juste une salle sans chauffage avec quelques tables !

Pas d'aide

* RAISONS DE LE FAIRE *

C'est BIEN TROP PASSIONNANT pour qu'on s'arrête !

Ils commencent par réduire
la pechblende en poudre,
puis la dissolvent dans de l'acide
pour en séparer les différents éléments.
Ils obtiennent ainsi une poudre noire
qui émet un rayonnement trois cent
trente fois plus puissant que l'uranium.

Marie invente le mot « radioactif » pour
décrire cette fascinante propriété, et elle
baptise ce nouvel élément polonium.

84
Po

*« Polonium (Po)
vient du nom Pologne,
le pays où je suis née. »*

Marie et Pierre remarquent que le liquide qui reste après l'extraction du polonium et de l'uranium de la pechblende est encore très radioactif.

Cela montre que la roche contient peut-être de petites quantités d'un AUTRE nouvel élément – bien plus radioactif que les deux autres !

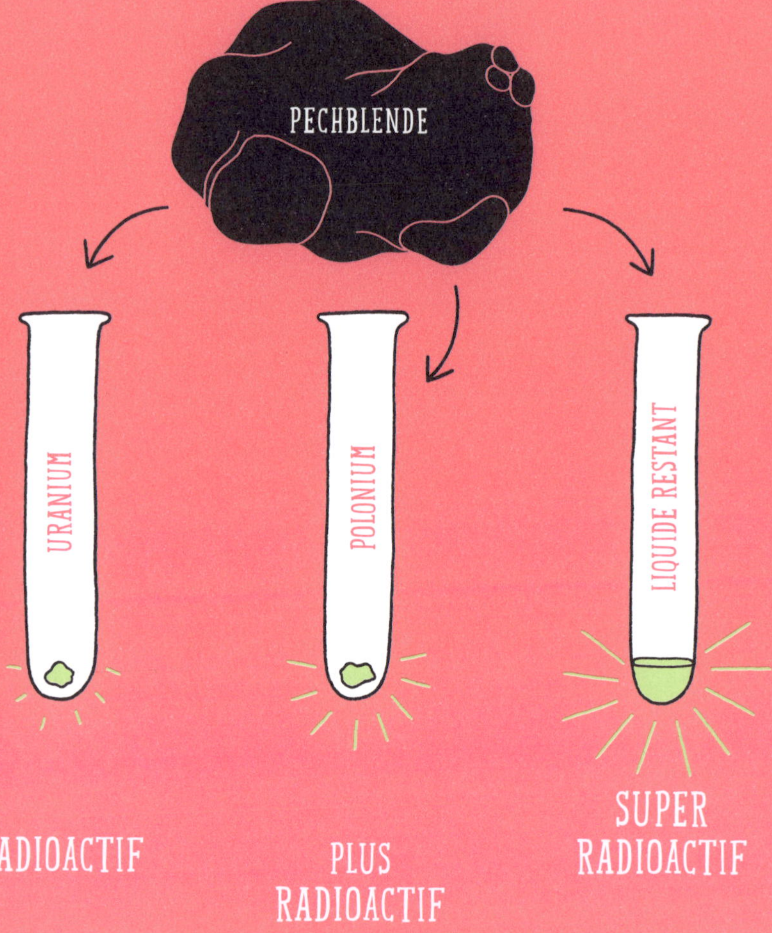

Ils annoncent leur découverte en 1898
et baptisent ce nouvel élément « radium ».

Tandis que Pierre se consacre à l'étude de ces rayons en eux-mêmes, Marie décide d'extraire ce nouveau métal. Pour cela, elle a besoin de plus de pechblende. BEAUCOUP PLUS.

La pechblende est chère et les Curie sont pauvres.
Marie décide donc de racheter du minerai issu d'une usine qui extrait l'uranium de la pechblende.

Ce que l'usine en question ne sait pas, c'est que ces résidus contiennent quelque chose d'encore plus précieux que l'uranium !

Elle commence à extraire de la pechblende les petites particules cachées de radium. C'est un peu comme faire bouillir de l'eau de mer pour récupérer le sel, mais en beaucoup plus compliqué !

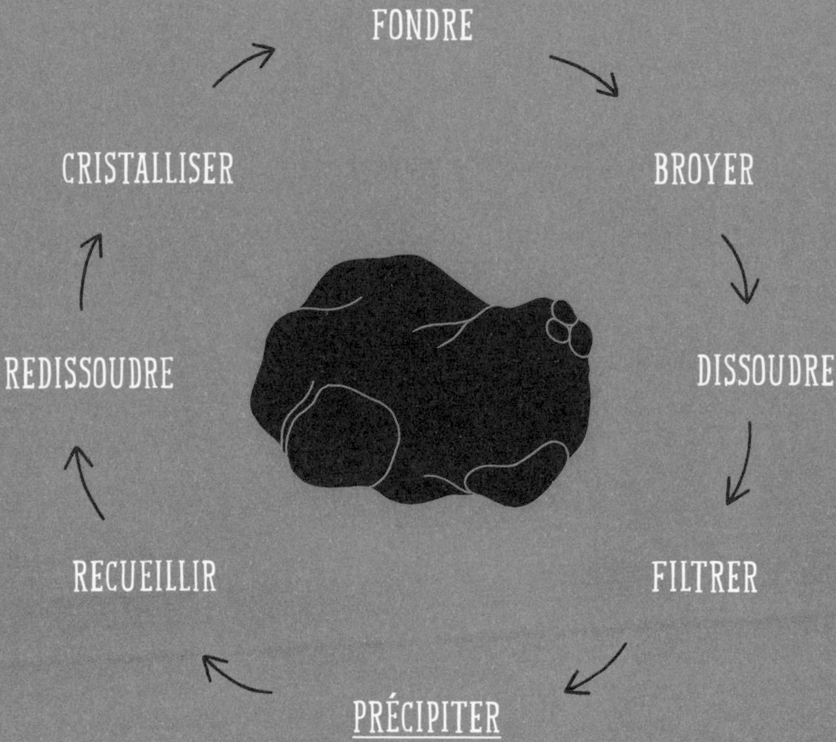

Rude tâche que de porter les récipients, vider les liquides et faire bouillir les matériaux dans une bassine en fer-blanc pendant des heures… pour recommencer ensuite !

Marie et Pierre travaillent dans un entrepôt délabré au sol de goudron collant, avec une verrière qui laisse passer la pluie et les courants d'air.

Ils se sentent épuisés et malades.
Ils ignorent tout du danger des <u>radiations</u>.

Marie s'approche chaque jour davantage de son but : extraire ces liquides tellement radioactifs qu'ils sont phosphorescents.

« L'une de nos joies était d'entrer la nuit dans notre atelier ; alors nous percevions de tous côtés les silhouettes

lumineuses des flacons et des capsules qui contenaient nos produits. »

Il faut TROIS ANS de travail à Marie pour finir par extraire, en 1902, un milligramme de radium de dix tonnes de pechblende !

Marie obtient son doctorat de physique en juin 1903 – c'est la première femme d'Europe à décrocher ce diplôme.

La même année, elle reçoit avec Pierre et Henri Becquerel la plus grande distinction scientifique au monde – le prix Nobel de physique – pour leur travail sur la radioactivité.

Ce sont désormais des stars de la science.

Le monde entier brûle d'apprendre à extraire le radium pour utiliser ses fantastiques propriétés. Marie et Pierre pourraient devenir riches en déposant un brevet pour leur procédé.

À la place, ils préfèrent partager leurs travaux gratuitement, pour que la médecine puisse utiliser le radium immédiatement.

Les télégrammes de félicitation s'accumulent. Les journaux leur consacrent des centaines d'articles. Tout le monde veut leur photo. Mais Marie et Pierre n'ont aucune envie d'être riches et célèbres. Tout ce qu'ils désirent, c'est du temps et de l'espace pour mener leurs travaux scientifiques.

Car ils ont un nouveau mystère à résoudre.

Marie et Pierre savent qu'un autre type de radiation – la lumière – est libéré par des réactions chimiques à l'intérieur du Soleil…

… ou quand un filament chauffe très fort dans une ampoule.

Mais le radium émet des radiations hors réaction chimique, et sans être chauffé.

D'où provient cette mystérieuse énergie ?

En 1904, Marie obtient son premier poste de physicienne, en tant que chef de travaux dans le laboratoire de Pierre. Ils ont aussi un second enfant – une fille prénommée Ève.

Pendant presque deux ans, Marie et Pierre travaillent côte à côte. Ils font ce qu'ils aiment. Pierre est finalement nommé professeur à la Sorbonne.

Le dimanche, la famille se promène à bicyclette dans la campagne, pour explorer les bois, chasser les papillons et cueillir des fleurs.

Ils ignorent qu'un terrible malheur va se produire.

Par un matin
pluvieux de 1906,
Pierre est renversé
par une voiture à chevaux
tandis qu'il se rend à pied
à son laboratoire.

Il meurt sur le coup.

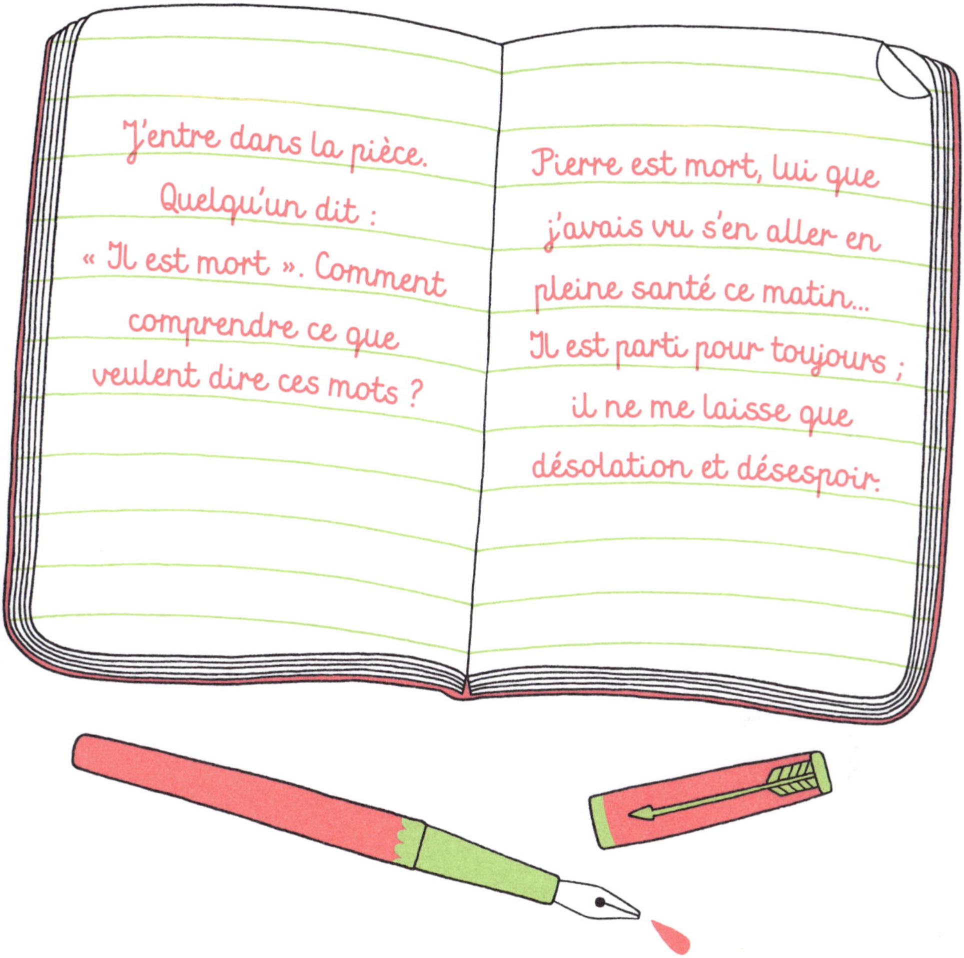

D'abord, Marie pense qu'elle ne voudra plus jamais travailler. Mais, quand on lui propose de quitter son poste en lui versant une pension de veuve, elle refuse. Elle est déterminée à continuer l'œuvre entreprise avec Pierre.

Reprenant le poste de Pierre, Marie devient, en 1908, la première femme professeur de l'histoire de la Sorbonne.

Tout en donnant ses cours, elle continue à diriger le laboratoire où travaillent désormais de nombreux autres scientifiques.

Elle écrit aussi de nombreux articles et des livres, dont, en 1910, son œuvre la plus célèbre :

En 1911, nouvel exploit : Marie devient la première personne au monde à recevoir un SECOND prix Nobel, cette fois en chimie !

Une nouvelle fois, son nom est dans tous les journaux. Les photographes la pourchassent dans la rue.

Mais ce n'est pas que pour dire du bien d'elle. Marie est devenue très intime avec un autre scientifique, Paul Langevin, qui est déjà marié. Pour l'époque, c'est un scandale, et le comité Nobel lui demande de ne pas venir chercher son prix en personne.

Marie, qui se moque de l'opinion des autres, y va quand même.

En 1914, Marie est sur le point d'emménager dans le nouveau laboratoire qu'elle a conçu elle-même : l'institut du Radium à la Sorbonne.

Mais cela va devoir attendre : la Première Guerre mondiale vient d'éclater.

Marie propose immédiatement son aide à la France. Comme elle est très calée en radiologie, elle décide de tout mettre en œuvre pour que les rayons X soient disponibles dans le plus grand nombre d'hôpitaux possible.

Les rayons X laissent une « ombre » sur la pellicule photographique.

Ils peuvent traverser la peau et les muscles, mais pas le métal.

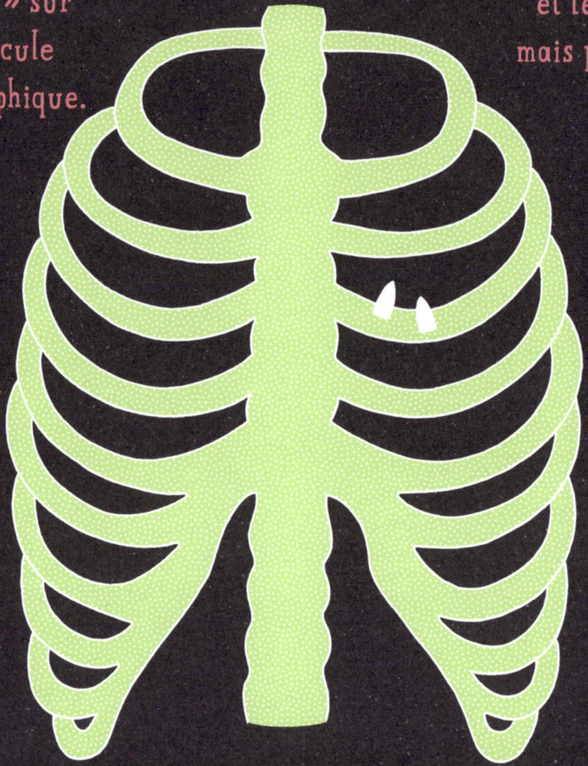

Ainsi, les médecins peuvent repérer les balles et les éclats d'obus dans le corps avant de les retirer.

Marie n'est pas satisfaite : le temps que les soldats arrivent à l'hôpital, il est souvent trop tard. Il faudrait pouvoir donner un diagnostic plus tôt pour sauver davantage de vies.

Il lui vient une idée extraordinaire : une voiture équipée d'un matériel de rayons X branché sur batterie, permettant ainsi de faire des radios partout.

Elle ne s'arrête pas à une seule voiture : elle lance à Paris une grande campagne pour collecter de l'argent, du matériel et des véhicules à transformer. Les gens sont ravis d'aider cette immense scientifique. Bientôt, elle dispose de toute une flotte d'unités de radiologie mobiles, surnommées les « petites Curies ».

Résultat de ses efforts :

Marie conduit elle-même une unité mobile jusqu'aux abords des zones de combat de la Première Guerre mondiale pour s'occuper des blessés. Elle apprend aussi le métier à sa fille Irène, âgée de 17 ans.

Grâce à elle, les rayons X trouvent leur place dans tous les hôpitaux – et y resteront après la guerre.

La paix revenue en 1918, Marie redevient chercheuse, enseignante et directrice de son laboratoire à l'institut du Radium. Elle y emploie de nombreuses femmes scientifiques, dont sa fille.

L'institut acquiert une réputation mondiale pour ses recherches sur les substances radioactives et leur utilisation possible dans le traitement du cancer et d'autres maladies.

Plus célèbre que jamais, Marie est invitée aux États-Unis. Même si elle déteste se trouver sous les feux des projecteurs – sans parler de la longue traversée en bateau –, elle accepte, car elle doit rassembler de nouveaux fonds pour développer ses recherches.

En 1921, les États-Unis font don d'un gramme de radium pur à Marie Curie, d'une valeur de 100 000 $ à l'époque (soit 2 millions de dollars actuels). Le radium reste la seule source de radiation intense disponible à l'état naturel ; il est donc indispensable pour la chercheuse.
En 1929, les États-Unis lui offrent la somme pour acheter un second gramme.

La plupart des grands physiciens de l'époque, dont Albert Einstein, se sont mis à explorer les forces inimaginables que contiennent les atomes.

Le rayonnement émis par le radium est capable de tuer les cellules malades… mais aussi d'endommager les cellules saines.

Depuis 1898, date de la découverte de l'élément par Marie et Pierre, on utilise le radium pour tout – pas seulement pour les traitements médicaux, mais aussi pour créer des peintures phosphorescentes, des yeux brillants pour les peluches et des décorations de Noël qui se veulent moins dangereuses que des bougies.

Dans le noir, le radium dégage assez de lumière pour lire !

Mais dans les années 1930, certaines personnes qui travaillent au contact du radium, par exemple les ouvrières qui utilisent des peintures à base de cet élément, tombent malades et meurent. Le monde découvre le véritable danger des substances radioactives.

Sans le savoir, Marie souffre elle aussi d'irradiation. Des années d'exposition à des substances radioactives ont endommagé dans son corps les cellules osseuses qui produisent les globules rouges. Le 4 juillet 1934, elle meurt, à l'âge de 66 ans.

Par bonheur, elle a vécu assez longtemps pour voir se réaliser ses rêves : un tout nouvel institut du Radium à Varsovie, en Pologne, qui se consacre à la recherche et au traitement contre le cancer. Financé par une campagne de dons, il est dirigé par sa sœur Bronia.

Elle voit aussi Irène avec son mari Frédéric Joliot, parvenir à produire artificiellement de la radioactivité – une découverte qui leur vaut à leur tour un prix Nobel.

En transformant un métal commun comme l'aluminium en substance radioactive, on peut utiliser la radioactivité sans avoir recours aux minerais radioactifs naturels, qui restent rares et dangereux à manipuler.

Rien de tout cela n'aurait été possible sans le courage et la détermination de Marie Curie.

Marie Curie a toutes les qualités d'une grande scientifique :

LA CURIOSITÉ :
elle observe et POSE
DES QUESTIONS sans cesse.

LA CRÉATIVITÉ :
elle fait des
RAPPROCHEMENTS auxquels
personne n'a pensé
jusqu'alors.

LE COURAGE :
elle est capable
d'AFFRONTER les difficultés.

La combinaison de ces traits de caractère lui a permis de faire des découvertes qui ont changé la physique, la chimie et la médecine pour toujours.

« La vie n'est facile
pour aucun de nous.
Mais il faut avoir de la
persévérance, et surtout
confiance en soi.
Il faut croire que l'on
est doué pour quelque
chose, et que,
cette chose, il faut
l'atteindre coûte
que coûte. »

L'IMPACT DES FORMIDABLES DÉCOUVERTES DE MARIE CURIE

MARIE MONTRE QUE LA RADIOACTIVITÉ EST UNE PROPRIÉTÉ DES ATOMES.

Cela permet aux savants de MIEUX COMPRENDRE LES ATOMES...

... et mène à l'invention de la PHYSIQUE NUCLÉAIRE.

MARIE A ISOLÉ LE RADIUM PUR.

On a pu l'utiliser pour traiter, et même guérir, le CANCER et d'autres maladies...

...parce que les radiations qu'il émet sont capables de DÉTRUIRE LES CELLULES MALIGNES.

Cette radiation peut également servir à STÉRILISER le matériel médical pour éviter la propagation des microbes.

La « curiethérapie » est l'ancêtre de la RADIOTHÉRAPIE moderne.

MARIE A INVENTÉ UNE FAÇON DE MESURER LA FORCE DES RADIATIONS.

Les paléontologues et les archéologues ont pu utiliser le CARBONE 14 pour dater les objets qu'ils découvrent...

...et les géologues et les historiens pour DATER LES SOLS ET LES ROCHES.

LA RADIOACTIVITÉ ARTIFICIELLE A ÉTÉ DÉCOUVERTE À L'INSTITUT DU RADIUM, DIRIGÉ PAR MARIE.

La manipulation des substances radioactives est devenue plus sûre.

Les médecins d'aujourd'hui utilisent des TRACEURS RADIOACTIFS pour observer ce qui se passe dans le corps sans l'ouvrir. Cela leur permet de mieux comprendre et diagnostiquer les TROUBLES DU CERVEAU et d'autres MALADIES.

CHRONOLOGIE

1867
Maria Skłodowska naît à Varsovie (Pologne), le 7 novembre.

Années 1880
Maria et sa sœur Bronia étudient à « l'université clandestine » de Varsovie.

1886
Maria devient gouvernante pour la famille Szczuki.

1897
Naissance d'Irène, la première fille de Marie et de Pierre.

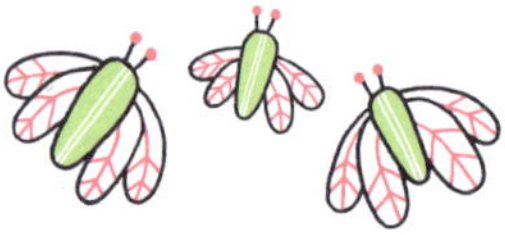

1898
Les époux Curie annoncent la découverte de deux éléments : le radium et le polonium.

1903
Marie devient la première femme européenne à obtenir un doctorat de physique. La même année, Marie et Pierre reçoivent le prix Nobel de physique.

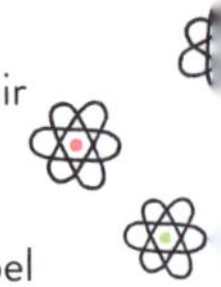

1910
Publication du *Traité de radioactivité*.

1911
Marie reçoit un second prix Nobel, en chimie cette fois. Elle reste la seule femme au monde à avoir obtenu deux Nobel.

1914
Marie inaugure l'institut du Radium à la Sorbonne.

Années 1930
On commence à découvrir les effets nocifs des radiations.

1932
Inauguration de l'institut du Radium à Varsovie (Pologne).

1934
Le 4 juillet, à 66 ans, Marie meurt des suites d'une trop forte exposition aux radiations.

1891

Maria s'installe à Paris pour étudier la physique et les mathématiques à la Sorbonne. Elle se fait maintenant appeler « Marie ».

1895

Marie épouse Pierre Curie.

1896

Henri Becquerel montre que l'uranium émet des rayons invisibles. Cette découverte stimule les recherches de Marie.

1904

Marie devient chef de travaux dans le laboratoire de Pierre – son premier vrai emploi de chercheuse ! Naissance d'Ève, seconde fille de Marie et Pierre.

1906

Pierre meurt dans un accident.

1908

Marie devient professeur de physique à la Sorbonne, ce qui fait d'elle la première femme à enseigner dans cette université.

1914

Ses recherches sont interrompues par la Première Guerre mondiale. Désireuse d'aider les soldats blessés, elle crée une flotte de « petites Curies », des unités de radiologie mobiles.

1918

La guerre terminée, Marie reprend ses recherches sur les substances radioactives à l'institut du Radium.

1921

Marie se rend aux États-Unis dans le but de collecter des fonds pour ses travaux.

Marie Curie

AUJOURD'HUI

La radiothérapie reste un des traitements majeurs contre le cancer. Le carnet de Marie est encore tellement radioactif qu'on doit le conserver dans un coffre spécial en plomb !

GLOSSAIRE

archéologie – étude de l'histoire humaine à partir de fouilles de sites importants. Les objets que découvrent les archéologues nous révèlent comment vivaient les hommes autrefois.

atome – la plus petite partie d'un élément chimique, composée d'électrons, de protons et de neutrons (baptisés particules subatomiques).

carbone 14 (datation par le) – elle permet de déterminer l'âge d'un objet en mesurant le carbone radioactif qu'il contient, car ce carbone perd ses neutrons de façon régulière.

chimie – étude des composants de la matière (atomes, gaz ou éléments) et de leurs interactions.

dissoudre – incorporer un corps solide dans un liquide pour qu'il forme une solution. Par exemple, le sucre se dissout dans l'eau chaude.

doctorat – grade universitaire le plus élevé dans une spécialité.

électron – petite particule de l'atome qui contient une charge électrique négative. En lui-même, un atome est électriquement neutre ; lorsqu'il reçoit un électron supplémentaire, il devient positif, et négatif quand il en perd un.

élément – substance qui ne peut être modifiée chimiquement ni décomposée en composantes plus simples. Il existe quatre-vingt-douze éléments naturels, comme l'aluminium, l'or ou l'hélium ; vingt-six autres ont été créés en laboratoire, ce qui fait cent dix-huit en tout.

géologie – étude des roches et des sols, qui permet de comprendre la structure de la Terre et ses modifications avec le temps.

neutron – particule subatomique que l'on trouve dans le nucléus (noyau) de tous les atomes, sauf celui d'hydrogène. Les neutrons n'ont pas de charge électrique.

onde radio – rayonnement électromagnétique utilisé en général pour transmettre des signaux radiophoniques ou télévisuels.

paléontologie – étude des ossements et des fossiles enfouis depuis des milliers, voire des millions d'années.

pechblende – minéral présent dans une roche noire et lourde contenant du radium.

physique – étude de la matière, de l'énergie et de l'interaction de ces forces.

physique nucléaire – étude des protons et des neutrons des atomes.

polonium – élément métallique radioactif, dont le symbole est Po et le numéro atomique 84. Le polonium est créé par désintégration de l'uranium.

précipiter – créer un solide insoluble (qui ne peut être dissous) à partir d'une solution liquide.

prix Nobel – distinctions accordées chaque année à des travaux remarquables en science, en médecine et en littérature. Les prix ont été créés par l'inventeur suédois Alfred Nobel en 1895 et décernés pour la première fois en 1901.

proton – particule subatomique que l'on trouve dans le noyau de l'atome. Les protons ont une charge électrique positive égale à la charge négative de l'électron. Le numéro atomique, qui détermine la place de l'élément dans le Tableau périodique, se fonde sur le nombre de protons contenus dans l'atome.

radiation – type d'énergie qui émet des rayons, des ondes ou des particules.

radioactif – qui contient ou produit de la radiation. L'unité de mesure de la radiation est le « curie », ainsi nommé en l'honneur de Marie et Pierre.

radiothérapie – traitement médical qui utilise les radiations.

radium – élément chimique métallique de symbole Ra et de numéro atomique 88. Le radium est très radioactif. On en trouve dans la pechblende.

rayons X – onde électromagnétique qui traverse la peau et les os et laisse une trace sur la pellicule photographique.

stériliser – éliminer tous les microbes et les bactéries d'un objet ou d'une substance.

Tableau périodique – liste des cent dix-huit éléments chimiques découverts jusqu'à maintenant, classés par nombre d'atomes. Les éléments aux propriétés similaires, comme les métaux, sont groupés.

typhus – maladie grave qui provoque une très forte fièvre.

uranium – élément chimique de symbole U et de numéro atomique 92. C'est un métal très radioactif, d'un blanc argenté.

INDEX

CRÉDITS PHOTOGRAPHIQUES

Photographie de Marie Curie de la page 61, avec l'autorisation de la bibliothèque du Congrès.